Nuevo orden amoroso

Charles Fourier

Jerarquía de cornudos

sequitur

sequitur [sic: *sékwitur*]:

Tercera persona del presente indicativo del verbo latino *sequor*:
procede, prosigue, resulta, sigue.
Inferencia que se deduce de las premisas:
secuencia conforme, movimiento acorde, dinámica en cauce.

Charles Fourier (1772-1837)
*Hiérarchie du cocuage*, 1808
Traducción anónima publicada por
Premiá editora, México 1978

© Ediciones sequitur, Madrid, 2024
Todos los derechos reservados
www.sequitur.es

ISBN: 978-84-127130-9-1

Hecho en Madrid

# PRESENTACIÓN

Publicado en 1967, siglo y medio después de concluida su escritura, *El nuevo mundo amoroso* es un análisis extraordinariamente pionero en el que Charles Fourier disecciona las relaciones sociales de su época. Pionero, tanto por el método de análisis, de precisa observación, como por su premisa moral -la absoluta igualdad entre los sexos-, o por su fundamento científico, basado en el principio de la atracción universal de Newton, una suerte de "física amorosa".

Precursor de una sociología, necesariamente crítica, Fourier entiende que el principio rector de todo hecho social no es ni la justicia, ni la libertad, la igualdad, la propiedad, etc. y sí el placer; un placer fundamentalmente sensual, origen de la verdadera felicidad, aquella que consiste, según él, en "tener cuantas más pasiones, de lo más ardientes y excesivas, y poder satisfacerlas".

Más allá de su crítica a la sociedad de su tiempo, que denomina Civilización, Fourier propone un nuevo modelo de sociedad, llamado Armonía, basado en el amor, un amor antes material que espiritual, antes gozoso que sentimental, antes presente que futuro, libre de toda monogamia y donde las mujeres estén libres de todo sometimiento.

Mientras tanto, el orden civilizado, con su conservadurismo, su idea del pecado original, su monogamia, niega el principio de placer... y produce cornudos..., con profusión.

Charles Fourier
(1772-1837)
retratado en 1835

[...] Si queremos adquirir nociones regulares sobre esta pasión del amor, objeto de tantas divagaciones, hay que contemplar el conjunto de sus desarrollos visibles sin tener en cuenta la legalidad o ilegalidad. Que el adulterio sea lícito o ilícito, lo cierto es que existe, y en tal extensión y de tal manera que daré seguidamente un cuadro analítico muy detallado que contiene 64 especies de adulterio o cabronazgo bien conocidas y distribuidas en teclado regular.

Por medio de este cuadro y de los detalles anejos, la existencia y la influencia del adulterio quedarán demostradas irresistiblemente, y podemos ya decir por anticipado que es absurdo no tener en cuenta este género de amor en la política especulativa. No menos ridículo es querer atribuir una gran influencia a los que ninguna tienen, como el amor puro o sentimental simple.

Sobre este asunto podremos demostrar una verdad muy cómica: que el sistema legal de los amores en la civilización no es más que un absurdo grotesco en el que se proscribe por un lado el germen noble o sentimiento puro, y por otra, se asegura indirectamente el triunfo del germen innoble o amor material. Disfrazando así los dos elementos del amor no pueden formarse sino compuestos de la más insigne falsedad. Por eso el sistema compuesto se reduce entre nosotros a los dos géneros más abyectos, a saber: el amor egoísta o exclusivo y la poligamia furtiva llamada cabronazgo o adulterio.

Una prueba de que estos dos modos amorosos no bastan para satisfacer el corazón y la imaginación es que todos quieren disfrutar de ambos, aunque digan que su unión es criminal y odiosa. Todos quisieran ser infieles y la constancia es bien rara en los que tienen la ocasión. Se hacen bígamos si creen poder mantenerlo en secreto, y exigen la constancia de su cónyuge al que ocultan la infracción cometida. Así, añadiendo el género tres al cuatro, se conducen en nuestra sociedad todos los individuos libres y jóvenes que pueden obtener éxitos amorosos. Sólo hay egoísmo y falsía en los dos métodos de amor civilizado y siendo el amor una pasión toda divina no hemos sabido sacar de este germen divino sino los efectos más contrarios al espíritu de Dios, al reino de la verdad y a la extensión de los vínculos afectivos.

Pero no es sólo el amor; los cuatro afectos se encuentran entre nosotros reducidos a su desarrollo más débil. Es una regla general en la civilización el limitarse a tener un pequeño número de amigos, mientras la armonía excita a todos a multiplicar sin límites sus relaciones amistosas, pues no hay ninguna perfidia que temer. Lo mismo hace el orden actual con los vínculos familiares: el matrimonio exclusivo reduce a su mínima expresión un vínculo que en Armonía se extenderá a casi toda una comarca. Nuestro estado social restringe también al mínimo, y en ocasiones a cero, asociaciones que en Armonía comprenderán, sólo en el trabajo doméstico, un torbellino entero. Así se obtiene siempre el resultado más opuesto al espíritu de Dios, que favorece el vínculo general. Veremos en el sistema de amor civilizado como este espíritu *antidivino* favorece el egoísmo, la falsía y pone trabas a los afectos.

Tenemos que analizar este vergonzoso resultado para darnos cuenta de que hemos llegado al superlativo del vicio y que para llegar al bien, habrá que proceder en contrasentido metódico del sistema actual, que nos ha conducido a tanta depravación y absurdo social.

ANÁLISIS Y DESGRACIA LEGAL DEL ELEMENTO ESPIRITUAL
O PURO AMOR DE SENTIMIENTO

Tan cierto como Dios es superior a la materia, aunque ésta sea, como él, uno de los tres principios del universo, es evidente que el sentimiento, o principio espiritual del amor es superior al principio material o cinismo, tactismo, lujuria, concupiscencia, etc. La idea de que el sentimiento ocupa el primer lugar es tan clara que, por poco delicado que sea un amante, no se atrevería a manifestar en primer lugar a una mujer intenciones completamente materiales, por temor a humillarla dándola a entender que no le inspiraba más que apetitos sensuales. Como mucho, se podría empezar así con una prostituta. Por eso se pone siempre en primer lugar el sentimiento, aunque sea sólo como máscara; pero aunque se confiese así su preeminencia en todos los espíritus, en todas las uniones decentes, ¿cuál es en realidad su rango? Ninguno; no es sino humareda, pero nada hay más bello, más sino emocionante que nuestra exhibición moral en favor del sentimiento. Comparo yo todo este "pathos" a los compendios ministeriales [sic.] de ciertos reinos, donde el soberano, en cada línea de sus edictos, se dice lleno de cariño por sus pueblos, pero ¿cuál es el objeto de esta efusión sentimental? Vaciar la bolsa del pobre pueblo; los más explotados son precisamente aquellos a quienes un tierno padre adora en cada línea de sus proclamas. Así es como la legislación y la filosofía tratan al pobre sentimiento. Se le diviniza en apariencia; se le destierra en realidad.

En primer lugar se le proscribe por completo del corazón de las mujeres que no estén casadas. Ningún padre tolera que su hija se enamore, por pura que sea su llama, de miedo a que se asusten los futuros compradores de la joven, que exigirán un corazón tan nuevo e intacto como su cuerpo. Tratad de decir a Dorante que viene a pedir en matrimonio a vuestra hija: "es una muchacha que sabe amar con una pureza angelical; adora a Leandro, y cada día se juran amor eterno, pero no hay entre ellos más que un sentimiento puro, castos amores dignos del siglo de Astrea". Tanta pureza sentimental hará torcer el gesto del señor Dorante, que verá en ella nefastos augurios para el honor de su frente. No se puede permitir a las jóvenes que alberguen tal sentimiento puro; todos los padres os lo dirán. Siempre le veremos desterrado o perseguido.

Si en algunas familias de costumbres frívolas, se permite que el sentimiento apunte antes de llegar al matrimonio, bien sabe Dios lo que sucede: el amante habla hoy al corazón y mañana a los sentidos, y siempre con éxito. Nuestro sistema social produce en todas las jóvenes una secreta irritación, un espíritu de rebelión oculto que se excita en sus conciliábulos. El régimen civilizado no ofrece a las jovencitas púdicas ninguna oportunidad gloriosa y grande, como el Vestalato de Armonía, ninguna recompensa brillante y firme que manteniendo integro el sentimiento por un tiempo limitado, contrapese el aguijón sensual con los triunfos deslumbradores que ofrecen al pudor temporal las distracciones activas de una industria atrayente, variada y cabalística. Lo que sucede es que las privaciones a que se obliga a las doncellas no se compensan de ningún modo; el sentimiento puro no tiene ningún punto de apoyo, ningún objetivo señalado, por eso no es más que una mascarada, aunque las mujeres presuman constantemente de él.

En cuanto a los hombres, les vemos rivalizar en la defensa de los buenos sentimientos, pero es bien sabido que son unos embusteros redomados. Padres y maridos, en vez de dar fe de su religión, se arman de desconfianza y redoblan sus precauciones en cuanto ven avanzar las llamas sentimentales; esto basta para demostrar que conocen muy bien la realidad de la mascarada y que nadie cree en la existencia del puro sentimiento, libre de la menor pretensión de goce.

Hay sin duda ciertos fermentos y a veces fuertes impresiones en los caracteres de elevado título que, teniendo ya otros amores pueden conceder algo a la celadonía, pero son tan pocos que la masa, muy ajena a este género de afecto no puede creer en él, de modo que las escasas apariciones del sentimiento puro no son para él sino un germen de proscripción y de burlas, y por eso el que lo sienta sinceramente, no debe ofenderse ni de la incredulidad general ni de las pullas; debe saber que esta cuestión delicada es demasiado rara y harto simulada por los intrigantes para que el prudente dé fe ni a las apariencias más bellas.

Además, los que se creen animados por el amor puro, en realidad, están muy lejos de tal cosa y el noventa y nueve por ciento se mienten a sí mismos, al convencerse de que su llama es pura. El amante más respetuoso al principio, tiene siempre en la mente algún deseo material. Si alguien le dice que su bella favorece a otro pretendiente en secreto, le atormentarán los celos a pesar de su púdico ardor, lo que demuestra que aprecia los placeres materiales creyendo ser completamente sentimental.

12

¿Qué diremos del que suspira por una mujer casada, sabedor de que se entrega a su esposo y no esperando obtener nada de ella? Que por lo menos desea y espera elevarse a la categoría de suplente. No hay amor sentimental puro y libre de toda pretensión material y la prueba es que, si este amante tan desinteresado cree que la dama, además de su marido tiene un amante al que secretamente otorga sus favores, no se limitará a las llamas purísimas y querrá conseguir lo que otro obtiene. Ya no será el sentimiento puro que ningún deseo altera, porque el menor cambio material ha transformado al sentimiento, elevándole del grado de amor simple al de compuesto en expectativa y reuniendo los dos amores elementales.

El sentimiento puro no existe tampoco en quien poseyó a una mujer y la ve sin celos otorgar sus favores a uno o varios hombres y que, sin estar entre ellos, sigue siendo cortés y atento con ella. Este género de amor es un compuesto degenerado y cae en fase simple. El vínculo en este caso no está completamente libre de lo material, del que ya gozó, y cuando corteja a su antigua dama está lleno de recuerdos de aquel placer sensual que agradece con esta pasión desinteresada. Este amor es como una higuera de la que ya se recogió el fruto y de la que quedan sólo las hojas. ¿Diría alguien que, por eso, ha dejado de ser higuera? Del mismo modo, cuando una pasión decae y pierde algunos de sus atributos no se convierte en una pasión distinta, sino en una fase de pasión.

Tratando del amor polígamo que, como dice Molière, es caso justificable, y del amor omnígamo u orgía que lo es mucho más según la ley civilizada, parecerá sorprendente que yo establezca […] por puro sentimiento: los extremos se tocan.

En resumen, la celadonía no existe en el 99 por 100 de los casos en quienes presumen de ella. Para que existiera seria necesario que la pasión estuviera reducida al vínculo espiritual, pero en el momento en que el goce interviene aunque sea como esperanza, lo material inclina de su lado la balanza. La prueba es que si eligiéramos a veinte mujeres muy sentimentales en palabras, cada una de las cuales tuviera un solo amante (uno solo es cosa bien rara entre las damas) y si a cada uno de estos veinte amantes se les hiciera la operación que padeció Abelardo, veríais a diecinueve de ellas abandonar los bellos sentimientos e ir en busca de otros amores... y no respondería yo de la vigésima.

Nuestros novelistas y moralistas no quieren reconocer esta subordinación del sentimiento en los amores civilizados. Citan en su apoyo el entusiasmo de los amantes aducir la decencia y la timidez, deduciendo que el sentimiento domina porque parece dominar. Pero no, la esperanza del placer material es el verdadero resorte y la prueba es que si se reúnen a veinte de esas parejas que se aman desde hace unos días con todo honor, sin goce ni contacto alguno, y se dice a las veinte mujeres: "no sabéis la desgracia: vuestro amante es eunuco, absolutamente impotente a causa de una herida, y os lo demostraré con el testimonio de tal mujer que le ha abandonado por ello, sin que él lo negara ni propusiera una prueba". ¡A este anuncio, qué derrota de los bellos sentimientos entre esas veinte mujeres que pretendían no tener ninguna intención material!

Veamos ahora la contraprueba: supongamos los veinte amantes bien aptos para las funciones viriles pero limitándose, como es de uso durante los primeros días, al estilo sentimental. Si cada una de estas damas dice, para probarle, a su celadón: "os prefiero a cualquier otro para el vínculo sentimental y mi corazón os pertenecerá por entera, pero amo a tal joven sólo por el placer sensual y su vecindad me turba y excita mis sentidos. Le he citado para otorgarle mis favores desde esta noche, en cuanto a vos, os reservaré la más noble parte de mis afectos, el puro sentimiento". Dejo a juicio del lector imaginar cual sería, ante ofrecimiento tal, la respuesta de los galanes.

Ya basta como prueba de que nuestros novelistas y moralistas no tienen ningún termómetro sobre el empleo y las propiedades del sentimiento, y no le atribuyen sino influencias ilusorias que la menor prueba desmiente, como en las tres hipótesis que acabamos de mencionar. Guardémonos de estas vagas especulaciones y tanto sobre el sentimiento como sobre cualquiera otra rama pasional,

15

apoyémonos en principios fijos y conformes a la experiencia. Así especularemos sobre los empleos del sentimiento en Armonía, donde hará las delicias de todos y será fuente de mil refinamientos desconocidos hoy en día.

En cuanto a los amores civilizados, su alarde sentimental, cuando se le analiza escrupulosamente, resulta en todos los casos un accesorio muy estéril y nulo de por sí. En efecto, si el sentimiento reina en espera del goce, no es sino adarajas, antifaz del deseo, como en los tres casos precedentes en los que la total frustración del deseo hace desplomarse al sentimiento.

Si, renunciando al goce como los ancianos, una mujer opulenta no admite en amor sino un papel sentimental, es en este caso un mal menor, un estado mixto, una transición a la retirada absoluta y en tal caso, como en el precedente, mero accesorio del amor y no papel principal ni resorte pivotal.

Si se dan a la vez, el amor sentimental con una mujer y el material con otra, el primero no es generalmente sino un placer accesorio y secundario, al que el amante no sacrificaría su amor favorecido. Las excepciones son infinitamente raras.

Estas diversas consideraciones nos hacen concluir que el sentimiento en su acepción rigurosa y como llama limpia de todo placer material, no puede emplearse con éxito en la civilización. Así acaban las pretensiones de esa muchedumbre profana que se vanagloria de un amor puramente sentimental del que no es capaz, y que adornándose con el sentimiento, del que sólo busca como eludir y violar las leyes, deprava la opinión e impone el dominio de su espíritu material, cubriendo secretamente de ridículo a los verdaderos apóstoles del sentimiento que tienen la desventajas siguientes:

1.º) Su número infinitamente pequeño.
2.º) El barniz de engaño y necedad que la multitud arroja sobre sus honorables aficiones.
3.º) La ignorancia de los empleos diversos a que debe afectarse dicha pasión y que todos podrán conocer en la teoría siguiente.

Tras de estos detalles, la escasa legión del sentimiento debe convencerse de que sus actuales posiciones son indefendibles, que hay que buscar otros empleos a esta pasión, imposibles de encontrar en la civilización y que la armonía nos ofrecerá en oportunidades varias.

Es una extraña y cómica propiedad de la civilización el excluir por la ley y la opinión el elemento noble del amor concediendo todo [...] al elemento innoble o cinismo, cuyo triunfo queda completamente asegurado por la costumbre del matrimonio. Puede objetárseme, ¿cuál sería la utilidad de ese amor completamente libre de deseos? En unos casos sería inútil, innoble en otros y, en total, ridículo como el de San Alejo; expondría al casto y puro pretendiente a la burla de hombres y mujeres. Nada más cierto, y en efecto cuanto más sean los que digan y demuestren que este género de amor no serviría sino para burla de su autor, se estará más de acuerdo con mi tesis, que tiende a probar que el sentimiento puro no existe y que además es inadmisible en la civilización.

De aquí se deduce que los civilizados que creen saber todo sobre el amor, ignoran todos los géneros amorosos fundados sobre el sentimiento puro, Esos amores reservados a la armonía no serán en realidad los más preciosos, los únicos verdaderamente nobles, liberales, e idénticos al espíritu divino. Antes de aclarar todas estas dudas, estableceremos un punto importante: que la civilización no puede asignar ni empleo honroso y sincero al elemento espiritual del amor, al puro sentimiento, ni empleo legal al material puro. No puede hacer un uso especial de ninguno de estos dos elementos del amor en su estado aislado, y como estos empleos son posibles y útiles en otras sociedades, esto indica bien nuestra ignorancia de la teoría especulativa amorosa. ¿No será esta pasión en nuestras manos lo que el imán en las de los antiguos navegantes, que no podían pensar que en esa piedra estuviera encerrado el secreto de su salvación en las tempestades? El amor, en nuestra sociedad es como los diamantes en las manos de un niño que les confunde con trozos de vidrio. Repitamos que este capítulo del amor que se creyó agotado, no está apenas esbozado, y que entraremos en un nuevo mundo amoroso donde todo será tan nuevo y sorprendente para nosotros, como lo fueron los vegetales de América para los primeras que allí arribaron.

Terminemos de enumerar las desgracias o mejor dicho el asesinato del amor puro o rama sentimental que la opinión, el Estado y la religión se ponen de acuerdo para proscribir. En efecto, la ley y la religión no admiten otro fin del amor que la procreación, y un solo modo de unión que es el matrimonio o monogamia servil. Ambas exigen la consumación material de un acto, que si al sentimiento se limitara, no les daría ni un ciudadano ni un cristiano más. Las dos son fieles al precepto de "creced y multiplicaos", y con razón, pues sería bien fastidioso que todos los maridos, bajo el pretexto de santificarse, imitaran la conducta de San Alejo que, contrayendo matrimonio con la intención de no cumplir con todos sus deberes, eludiendo la consumación material, cometió un sacrilegio, una profanación del sacramento y dio al mundo el más peligroso ejemplo. Por eso no creo yo que dure mucho entre los santos en caso de depuración y examen de títulos.

El puro sentimiento o amor puro exige que el, o la, pretendiente pruebe su desapego a toda sensualidad, aceptando que el objeto de su amor sea poseído materialmente por otro. Es esta una licencia que conceden en Armonía las parejas angélicas y vestales de ambos sexos, que aceptan todos que sus pretendientes formen santas uniones materiales con los miembros del sacerdocio. Tal contrato se convertiría en un matrimonio con adulterio consentido, y por esto no pueden admitirlo ni la religión ni la ley. En cuanto a la opinión, no es menos intolerante en este punto, y el hombre que se casara o cortejara a una mujer prestándose a entregarla complacido a otros hombres, encontrando en tal vida su felicidad y amando a su mujer por sí sola y no por él, se vería universalmente acusado de suprema tontería y todo el mundo sospecharía una crapulosa connivencia, como aquel que deseando un puesto de capitán, pactó con Enrique IV [rey de Francia] el casarse y, vigilado en el lecho nupcial para que no pudiera tocar a su esposa, partió al día siguiente hacia el regimiento más lejano [dejándosela al rey].

Cuando más se examina el sentimiento puro, más se da uno cuenta de que no es posible en la civilización, porque en su pureza parecería abyecto, ridículo, criminal, o las tres cosas a la vez, como en el caso de San Alejo, que escondiéndose durante diecisiete años bajo un disfraz de mendigo, aguantó los insultos de sus propios criados en un rincón de la casa que habitaban su padre y su esposa. Sin duda vio a toda una letanía de sustitutos que venían a llenar sus funciones, pues la joven esposa de Alejo, abandonada de modo tan vil la primera noche de bodas, contra todas las normas de la religión y de la cortesía, no dejaría de encontrar su desquite en otros galanes según el uso de las damas romanas que, acostumbradas a las procesiones fálicas, no tenían la menor gana de privarse de lo necesario (*Quod* por religión *cur non* por gloria y beneficio).

Creemos haber hecho tanto bien como Don Cervantes al ridiculizar las ilusiones; habría que desarrollar el germen y Alexis será admirado en la posteridad.

No conozco sino el caso de este santo hombre que llene casi todas las condiciones del amor puro: entera abnegación de sí en cuanto al deseo y a los celos y simpatía desinteresada por los placeres del objeto amado. Su ejemplo no logró muchos prosélitos y hoy se tendría por el mayor de los ridículos, lo que demuestra la ausencia del amor puro en la civilización donde, sin embargo, se presume de él constantemente. Los pretendientes, los amigos de la familia, se dicen exentos de todo deseo y tan puros como el más blanco de los corderos. Las damas no reciben a sus pretendientes sino para pasar agradablemente el rato en sociedad y no con intenciones sensuales. Por eso el amor puro es entre nosotros una especie de máscara universal, que no existe verdaderamente en parte alguna, digno resultado de la perfectibilidad de un siglo en el que hasta los que venden tienen el desparpajo de enseñar que *la augusta verdad es la mejor amiga de los humanos*, persuasivas palabras, en verdad, cuando se oyen de la boca de un clérigo que colgó los hábitos para hacerse proveedor del ejército, y cuando se ve a la grave Academia de Turín, a la que así hablaba, prestarse a tales comedias. Nada de extraño tiene que un mundo tan falso como el civilizado no haya adquirido en 3.000 años ninguna noción exacta sobre las pasiones y en especial acerca del amor, como es testigo el pobre sentimiento; es evidente que en su absoluta pureza no tiene refugio donde poder posar el pie. Su acólito, el amor bruto o material, goza de un destino en todo opuesto. Veremos cómo, en su pureza, en sus empleos aislados y libres de todo sentimiento, goza de la protección de la ley, de la religión y de la opinión, mientras que el amor sentimental puro no puede ni salir a la luz, y podría comparársele a la justicia que, según los poetas, ha huido en busca de más benignos climas. Aunque hablando con exactitud, tendríamos que reconocer que ni uno ni otra han podido huir a parte alguna, pues nunca aparecieron por tierras civilizadas.

No importa que en la mayoría de los amores célebres el sentimiento haya tenido tanta importancia como lo material y a veces más. Esto confirma que en ningún caso se presenta puro. En su alianza con lo material, es esclavo de dos maneras, pues no puede pretender la exclusividad, mientras que lo material tiene por sí solo brillantes oportunidades de las que hablaremos, y en especial el matrimonio, vínculo en el que la violación, el placer animal se convierte en legal, cuando una joven esposa coaccionada a ojos vistas acepta ese lazo sin ninguna especie de ilusión sentimental. Su desfloramiento no es por eso menos válido y moral a los ojos de la ley y de la religión.

## ANÁLISIS Y TRIUNFO DEL ELEMENTO MATERIAL
### O AMOR BRUTO

Aquí es donde la perfectibilidad civilizada se manifiesta con todo su esplendor: una joven acosada por sus padres y superiores se deja arrastrar al altar. Su matrimonio es una coacción de lo más evidente: ama a otro y acepta este vínculo sin la menor ilusión sentimental. No importa. Su desfloramiento, verdadero estupro, violación manifiesta, no es por eso menos válido, moral y sagrado a ojos de la ley y la religión. Examinemos en detalle el tenor de este amor material que reina como un tirano, burlándose del sentimiento en nombre de la autoridad y de la opinión.

Al uno se le alaba, exalta y diviniza en teoría, pero no se le emplea; el otro se le rebaja, se le califica de amor animal y, sin embargo, reina en todas partes del modo más tiránico. Efecto inevitable de un orden que rehusando a las mujeres lo necesario material ha dirigido contra el sentimiento la opinión secreta de éstas y por lo tanto la de los hombres.

¿Hay algo más bruto, más material que las alianzas de príncipes y de princesas que se casan, como se aparean los macacos de China, sin haberse conocido antes? Sin duda no es el sentimiento el que les une, pues como ni siquiera se habían visto, mal podían amarse ni odiarse, ni haberse forjado la menor opinión [uno de otro]. Los caracteres de príncipes y princesas no son, hasta la adolescencia, sino comedias de etiqueta y, sin embargo, desde el primer día de su encuentro, se les acopla, quieran o no, en un lecho nupcial sin tomarse la molestia de esperar quince días como cortesía disimulada. Ni el más hábil podría imaginar uniones más groseramente materiales. Y, sin embargo, a la vista de este amor animal y archianimal, los poetas trompetean, las gacetas y las academias se admiran, los moralistas se enternecen, la religión no escatima las bendiciones. Todo a la mayor gloria del amor bruto, de la más escandalosa profanación del sentimiento con el que se enmascaran estas relaciones puramente carnales. Es cierto que a veces dan buen resultado y sale de ellas un feliz matrimonio, bien porque todos los jóvenes acaban por gustarse cuando interviene entre ellos el placer sensual, bien porque el afán de reinar, tan halagador para las mujeres, es el más sólido cemento de estos matrimonies; pero no es menos cierto que tal unión es la más impúdica profanación del sentimiento.

Aún es peor en las uniones de clase inferior, donde a veces el sentimiento se resiente y lucha: la hija dice que ella ha dado ya su tierno corazón al bello Leandro, y el padre, como buen republicano y moralista, pisotea el sentimiento y la ordena casarse con un procurador o un mercader repleto de oro y maldades. Aunque sólo lo material y el afán de riquezas hayan gobernado esta unión y que deliberadamente se haya desterrado el sentimiento, se presenta a este padre como un filósofo que ha sabido poner freno a las pasiones sentimentales haciendo que triunfe la codicia. Se zahiere a la hija por sus caprichos sentimentales y los borrachos del barrio, invitados a la boda, exaltan con sus equívocos el placer material que la espera. Todos le dan a entender que el sentimiento es lo de menos en semejante contrato y que al cabo de unos días llega la costumbre, gracias al atractivo material, y evaporándose las ilusiones novelescas. Este es el rango excepcional que ocupa el sentimiento en el más santo de los vínculos, en el único reconocido por la ley y la religión.

Si examinamos ahora las uniones secretas o amores ilícitos vemos que la esclavitud del sentimiento es aún mayor, porque las mujeres exigen lo material y hasta las apariencias de lo material. Oídlas lo que cuentan en sus comités secretos: el desdén que manifiestan por el que sólo es fuerte en sentimientos y débil en proezas físicas, y veréis qué razón tiene el poeta Bernard al decir, "os ruborizareis, pero elegiréis a Alcides". Piron explicó bien el secreto de este rubro, salvo en muy pocas excepciones.

Para convencerse, que un hombre muy sentimental, pero carente de belleza y de vigor, trate de disputar una bella a un Hércules impúdico, muy orgulloso de su capacidad material; o que trate de prolongar demasiado ese reino del sentimiento, con el que se empieza por decoro, sin cambiar de tono cuando la mujer ceda. No tardará en darse cuenta, por el desprecio y las burlas de la bella, qué rango ocupa en el espíritu femenino esa ilusión novelesca, cuando se sale del papel servil que se le ha asignado; el de enmascarar los deseos sensuales que toda mujer enamorada quiere satisfacer, con mayor o menor impaciencia, en los *amores civilizados*.

Si añadimos que la opinión exalta a los que saben fingir el sentimiento, y seduciendo a veinte mujeres no son fieles a ninguna, hay que reconocer, mal que le pese a nuestro amor propio, que el principio material invade nuestras costumbres y que el espiritual o sentimental no es sino su humilde esclavo, que aquel, despreciado en apariencia triunfa en la realidad. El sentimiento entre nosotros es como el pueblo, en quien dicen que reside la soberanía y que se ve robado, amordazado y reducido a la impotencia por los más insignificantes de sus mandatarios.

Los sabios que han ejercido sus talentos sobre el régimen social y amoroso nos han jugado la misma mala pasada en amor que en política: han organizado el *mundo al revés*, labrando el triunfo completo del principio subalterno o material, esclavizando el noble o espiritual, a quien, como al pueblo, se le paga en ilusiones de soberanía mientras yace encadenado en el fango. Lógico resultado para la unidad del sistema, pues la civilización es un mecanismo que debe de funcionar, hasta en sus menores detalles, al revés de lo que ordenan el buen sentido y la naturaleza.

Vamos a prevenir un error común en el que lee estos análisis del desorden actual; se culpa primero a la fuerza de las circunstancias, a la imposibilidad de emplear el amor sentimental aislado del material, y a la necesidad de subordinar, tanto el amor como la ambición a un régimen de conveniencias suavizado, modificado, por la adhesión tácita a las infracciones decentes. Yo admito como civilizado todas estas razones, pero aquí especulamos sobre los períodos que pueden suceder a la civilización. Por eso hay que presentar implacablemente los vicios del periodo civilizado, hacer sentir que es necesario otro mejor, cuya teoría, para llegar al bien, tendrá que ir en sentido contrario a la que tantos absurdos produce, empezando por garantizar a las mujeres lo sensual necesario, cuya privación es la causa de todos los vicios de opinión que degradan el sentimiento. Ignorar los derechos del amor material es comprometer lo espiritual. Es exponer éste al desprecio secreto de las mujeres y, por consiguiente, al de los hombres. Todo sistema que ataque al uno, ataca también al otro; la armonía quiere mantenerles en equilibrio y no aplastar a uno con el pretexto de servir al otro.

El medio más seguro de equilibrarles hubiera sido extender a los dos sexos la costumbre del concubinato, admitida antaño por hombres tan santos como Abraham y Jacob: excelente idea la de extender a ambos sexos una costumbre que se acomoda tan bien con sus deseos recíprocos. Pero la legislación, ensañándose contra las libertades del amor material, ha imitado a los agitadores que envilecen al ministro para atacar al monarca. Así se hizo con Luis XVI, difamando a los que le rodeaban para terminar por derribarle, y esa ha sido también la maniobra de los filósofos con el amor: con el pretexto de rebajar el principio material, han destronado al sentimental que no tiene ninguna influencia por sí solo, en especial en los matrimonios donde ni siquiera se le tiene en cuenta.

Nuestros sabios han obrado con el amor material como con un torrente cuyo cauce se intentara cegar con el pretexto de que es devastador. ¿Qué sucedería? Que el torrente ante tal obstáculo se saldría de madre, devastando más tierras de las que hubiera inundado si hubiera podido correr por un lecho suficiente. Del mismo modo, al proscribir el desarrollo legal y el empleo social del amor material, bien por el concubinato o siguiendo otros caminos, se ha cuadruplicado su influencia y roto toda proporción, reduciendo lo sentimental al papel de vil esclavo que no interviene más que para servir de máscara. Esta ha sido la admirable operación de nuestros expertos en perfectibilidad que, con sus grandes frases de balanzas, contrapesos, garantías y equilibrios, han producido en amor, como en política, el absurdo universal.

He demostrado ya que los dos elementos del amor, considerados en desarrollo simple o aislado no tienen, entre nosotros, ningún uso compatible con la equidad y la razón. Si pasamos de lo simple a lo compuesto, o ejercicio combinado de los dos elementos del amor, no encontramos más que egoísmo en el amor libre y falsedad en el adulterio o en el amor constitucional o matrimonio. Estos dos vicios no tendrían importancia si el género humano encontrase su felicidad en ellos. Pero sucede lo contrario. Las clases descontentas del régimen amoroso civilizado forman la inmensa mayoría, empezando por los maridos que son, sin embargo, los privilegiados. Y ni la centésima parte de éstos estarían contentos si pudieran conocer la conducta secreta de sus mujeres. Así pues, el vínculo matrimonial, único admitido por la ley, satisface a los maridos gracias al fraude, y descontenta a todos los amantes porque les prohíbe unirse con la persona a quien aman. ¿Podríamos imaginar una legislación más digna de burla? ¿Quién puede asombrarse, en tales condiciones, del pacto secreto de todo el mundo para violar las leyes civilizadas y religiosas que rigen o pretenden regir el mundo amoroso?

## Atractivos y encantos del vínculo angélico

Perderíamos todo el fruto de las críticas precedentes sobre los amores civilizados, si olvidáramos que estos géneros de amor serán completamente libres en Armonía y mucho más que hoy. He presentado sus aspectos ridículos, para hacer presentir que deben existir otros modos que competirán con ellos en esa Armonía donde toda pasión hallará sus posibilidades de verdad y liberalismo, y donde se podrá pasar a voluntad de los amores egoístas como los nuestros a los métodos liberales de los que voy a tratar ahora.

Tendría que situar aquí el cuadro o escala general de los géneros practicables en amor, pero esto nos obligaría a pasar demasiado tiempo ocupados con definiciones; temiendo abusar de la paciencia del lector dejaré para más adelante el cuadro y empezaré por la descripción del amor potencial, que es el género más incomprensible y cuya inteligencia nos facilitará la de todos los demás.

La pareja de amor egoísta o iliberal [sic.] tiene por regla de conducta: todo para mí y nada para los demás. La pareja de amor potencial o liberal debe tener otra: todo para los demás, y para mí, sólo lo que quieran concederme. Ya dije que esta pareja no goza de sí misma y se entrega a otras que sólo la permiten el amor sentimental, género de goce inconcebible para nosotros. Veamos por qué medios puede dársele el más vivo encanto. Un proverbio de los más ciertos nos dice que en este mundo no se da nada gratis; siguiendo este principio, si se quiere en amor obtener los efectos del liberalismo trascendente, hay que favorecer las palancas trascendentes, principalmente el trono de favoritismo que en todas partes es el precio del amor liberal.

Ya dije que los cetros en armonía son dobles y si dan tanto a las mujeres como a los hombres. Hay diez en total: cuatro cardinales, cuatro ambiguos y dos pivotales.

El cetro pivotal directo o cetro de omniginia se le da al más bello carácter, al de grado más alto. La naturaleza es la que la distribución en todos los grados, pues en Armonía hay tantas pruebas para juzgar los caracteres que nadie puede conseguir más que lo que su verdadero grado le autoriza.

El cetro pivotal inverso es el premio de las proezas amorosas más deslumbrantes; y recordemos que cada cetro tiene 13 grados, desde el primero que no comprende sino un torbellino, hasta el último que abarca a todo el globo, escalonándose gradualmente los otros once. Siguiendo la carrera amorosa se pueden lograr dos clases de cetros: el Pontificado o Trono cardinal de amor, que se da a los servicios morganáticos, a la gestión de las cortes de amor, y el Trono de favoritismo que es aún más brillante y que se concede por servicios prácticos y de gran relieve. Recompensas bien brillantes por ejercer una pasión que hoy conduce, en esta vida, a las persecuciones, y en la otra a las calderas infernales.

El cetro de Pontificado está destinado a las personas de edad y el de favoritismo a los jóvenes. Por eso en la juventud y en recompensa de éxitos amorosos, se puede llegar gradualmente a los tronos favoríticos de un torbellino, un distrito, una provincia, un imperio, una cesaría, una subgloria y del globo entero.

La sola perspectiva de estos tronos y de las inmensas rentas unidas a los de grado elevado bastarla para electrizar todos los cerebros civilizados y hacer entrar en la filantropía sentimental a una muchedumbre de mujeres sensibles que hoy se dedican a los insulsos placeres del hogar, por no existir un campo lo suficientemente vasto para desplegar sus tendencias caritativas. En Armonía constituyen una magnífica carrera para los personajes que se distinguen por su belleza, tanto hombres como mujeres, que han llamado la atención en las uniones de filantropía sentimental y ejercido esta virtud en un vasto teatro en los ejércitos, las hordas y las bandas de aventureras. Gradualmente van obteniendo los sufragios de una provincia, de un imperio que conoce sus proezas por la crónica amorosa, alcanzando así los cetros de favoritismo en sus distintos grados.

Cuando quieren pueden descansar de la filantropía, pasando al amor celoso, egoísta, pero durante esa pausa, no ganan ningún mérito para los sufragios y corren peligro, si se entretienen demasiado en los amores egoístas, de caer en el olvido. Por eso los hombres y mujeres que han empezado la carrera de las virtudes filantrópicas, no pasan mucho tiempo en el género egoísta que a nada conduce. Pues un imperio nada gana con las caricias de dos tortolitos que pasan un año entero besuqueándose hasta en las asambleas. Su indecencia aburre al que no es ni su padre ni su madre. Este género de amor no se protegerá en caso alguno en Armonía. Se exigirá a los amantes un comportamiento decente en público, y en modo alguno se admitirán esas escenas lúbricas de nuestros jóvenes esposos que parecen decir estúpidamente a quienes les contemplan: "el cura ha dicho los latines que nos permiten besuquearnos en público". Hoy vemos ese tejemaneje en todos los honestos hogares de la burguesía civilizada, incluso en presencia de las hermanas más jóvenes que, animadas por el buen ejemplo, no dejan de ensayar en secreto el mismo juego con los jovenzuelos de la vecindad. Pero dejémosles que se diviertan y volvamos a nuestro asunto.

Extraído de *Le nouveau monde amoureux* (1818)

Traducción de Daniel de la Iglesia,
publicada en *Nuevo mundo amoroso*,
Editorial Fundamentos, Madrid 1975

# Cuadro analítico de los cornudos

**1 El cornudo en ciernes o anticipado (\*)**

Es aquel cuya mujer ha tenido intrigas amorosas antes del matrimonio y no aporta al marido su virginidad.

**2 El cornudo presunto**

Es aquel que, mucho tiempo antes del matrimonio, terne la suerte común, y se tortura para rehuirle y sufre el mal antes de padecerlo realmente. Todos saben que sus recelos no servirán sino para confundirlo en la elección de una esposa y acelerar, por exceso de precauciones, el suceso que teme. Scarron pintó a este cornudo en uno de sus relatos.

**3 El cornudo imaginario**

Es aquel que todavía no lo es pero se desespera creyendo serlo. Este, tanto como el presunto, sufre realmente el mal. Molière lo pinta en una de sus piezas.

(\*) No son considerados cornudos en ciernes, aquellos que tienen conocimiento de los amores anteriores de su esposa y encuentran, a pesar de esto, conveniente desposarse. El que se une a una viuda, no es cornudo en cierne, tampoco el que conoce las aventuras anteriores de su mujer y se acomoda a ellas.

### 4 EL CORNUDO BELICOSO O FANFARRÓN

Es aquel que amenazando espantosamente a los galante-adores cree estar al resguardo de sus intentos; y lleva, sin embargo, el gorro, jactándose al mismo tiempo de haber-lo evitado por el terror que ostensiblemente difunde. En general es cornificado por alguno de los que aplauden sus bravuconadas, asegurándole que es el único que sabe vigi-lar su hogar.

### 5 EL CORNUDO ARGOS O CAUTELOSO

Es un astuto sutil que, conociendo todas las tretas del amor y husmeando desde lejos a los galanteadores, adop-ta sabias disposiciones para derrotarlos. Obtiene sobre ellos singulares ventajas, pero, como el más hábil general sufre al fin reveses, es sometido finalmente al destino común. Al menos, si es cornudo, no lo es tanto.

### 6 EL CORNUDO BURLÓN

Es aquel que hace bromas sobre sus colegas y los juzga imbéciles que bien merecen lo que les ha pasado. Quienes lo escuchan se miran sonriendo y le aplican tácitamente el versículo del Evangelio: ves la paja en el ojo ajeno y no la viga en el propio.

### 7 EL CORNUDO PURO Y SIMPLE

Es un celoso honorable que ignora su desgracia y que no da lugar a la burla por jactancia o por tomar medidas torpes contra su esposa y los que la persiguen. Es el más loable de todas las especies de cornudos.

## 8 EL CORNUDO FATALISTA O RESIGNADO

Es aquel que, desprovisto de aptitudes personales para sujetar a su esposa, se resigna a lo que Dios quiera y se escuda en la Justicia y el Deber teniendo en cuenta que su mujer seria muy culpable si lo engañara; lo cual ella no deja de hacer.

## 9 EL CORNUDO CONDENADO O DESIGNADO

Es el que, abrumado por deformidades o achaques, se arriesga a casarse con una hermosa mujer. El público, chocado por tal contraste, lo condena unánimemente a llevar el gorro; la sentencia del público es aplicada con creces.

## 10 EL CORNUDO IRREPROCHABLE O VÍCTIMA

Es aquel que, uniendo la amabilidad a las ventajas físicas y morales, y mereciendo bajo todos los aspectos una esposa honesta, es sin embargo engañado por una coqueta y obtiene las simpatías del público, que lo declara digno de mejor suerte.

## 11 EL CORNUDO POR PRESCRIPCIÓN

Es el que se ausenta en largos viajes, durante los cuales la naturaleza habla a los sentidos de la esposa que, después de una defensa razonable, se ve forzada por las prolongadas privaciones a aceptar el socorro de un vecino caritativo.

## 12 EL CORNUDO ABSORTO O PREOCUPADO

Es aquel que preocupado por sus negocios se aleja sin cesar de la esposa, a la que no puede ofrecer sus cuidados y se ve obligado a cerrar los ojos a las atenciones que le brinda un discreto amigo de la casa.

## 13 EL CORNUDO POR SALUD

Es el que por orden médica se abstiene del goce de la carne. Su mujer no puede menos que recurrir a suplentes, sin que el esposo tenga derecho a ofenderse.

## 14 EL CORNUDO REGENERADOR O CONSERVADOR

Es aquel que asume los intereses de la comunidad, controla los matrimonios de sus colegas y les previene de los peligros que su honor puede correr. Entre tanto, no ve lo que ocurre en su casa y haría mejor hacer de centinela por su propia cuenta y estar atento a lo que crece sobre su frente.

## 15 EL CORNUDO PROPAGANDISTA

Es aquel que va pregonando las dulzuras del hogar, excitando a cada uno a casarse y gime sobre la desgracia de aquellos que se demoran en gozar como él ... ¿y de qué?, del cornudaje. ¿A quién cuenta sus apologías del matrimonio? Con frecuencia al mismo que se los pone.

## 16 EL CORNUDO SIMPÁTICO

Es aquél que se encariña con los amantes de su mujer y los hace sus amigos íntimos. Cuando la dama está de mal humor y enojada con su amante va a verlo y le dice: "No se la ve más, estoy muy triste. No sé qué le pasa a nuestra mujer. Vengan, pues, a visitarnos un poco, esto la distraerá".

## 17 EL CORNUDO TOLERANTE O BONACHÓN

Es aquel que, viendo al amante instalado en su casa, se comporta como un hombre cortés que quiere hacer los honores de casa y se limita a advertir a la dama secretamente. Trata al amante, como a los demás, con esa perfecta igualdad que recomienda la filosofía.

## 18 EL CORNUDO RECÍPROCO

Es el que paga con la misma moneda y cierra los ojos porque se desquita con la mujer o pariente de aquel que se los pone. Es un préstamo devuelto: en tal caso uno se calla.

## 19 EL CORNUDO AUXILIAR O COADJUTOR

Es el que aparece poco por casa y no se le ve sino para derramar alegría, reprochar a los enamorados de su mujer que no rían y que no beban, excitándolos, sin limitarse, a olvidar sus disputas y vivir como buenos republicanos entre quienes todo es común. Este ayuda al intercambio; los cuernos son rosas para él.

## 20 EL CORNUDO ACELERANTE O PRECIPITADOR

Es el que pugna por adelantarse a su época, se apresura a mostrar su joven mujer, a abonarla a los espectáculos y estimularla a mimar a los amigos y vivir como los que saben vivir. Este es comparable a las pelotas puestas de nuevo a rodar aceleradamente y que llegan más pronto a la meta.

## 21 EL CORNUDO TRATABLE O BENIGNO

Es aquel que entiende razones y a quien los galanteadores hacen comprender que un marido debe hacer algunos sacrificios para obtener la paz del hogar, permitiendo a la señora esparcimientos sin consecuencia para quien tiene principios. Se le persuade de que los principios son la garantía de toda seducción y él se deja convencer.

## 22 EL CORNUDO OPTIMISTA O BUEN VIVIDOR

Es el que lo ve todo color de rosa, se divierte con las intrigas de su mujer, bebe a la salud de los cornudos y encuentra divertido lo que a otros los lleva a arrancarse los cabellos a puñados. ¿No es el más sabio?

## 23 EL CORNUDO CONVERTIDO O ADAPTADO

Es el que primero hizo pleitos pero se habituó penosamente al gorro y, vuelto a la razón, termina por bromear de la cosa consolándose con los otros.

## 24 EL CORNUDO FEDERAL O COALIGADO

Es el que viendo el asunto inevitable se aviene a admitir un amante para su esposa, pero de su elección; después se los ve coaligados, como Pitt y Coburgo, para acorralar a la mujer y alejar de común acuerdo a los perseguidores.

## 25 EL CORNUDO TRASCENDENTE O DE ALTO VUELO

Es el más hábil de toda la cofradía y por tanto está ubicado en el centro. Es aquel que, casándose con una mujer muy bella, la exhibe ostentosamente en sociedad, pero sin prodigarla, y que cuando ella ha excitado el deseo general la cede con un golpe de alta fortuna, tal como un gran cargo o una fuerte participación financiera, después de lo cual puede hacer trofeo del cornudaje y decir: A ese precio no cualquiera lo es. Séanlo como yo y ustedes serán de los bromistas alegres.

## 26 EL CORNUDO NEUTRO O IMPASIBLE

Es aquel que no se inmuta ni bromea del cornudaje que advierte, y conserva una perfecta calma sin descender a trámites que se presten al ridículo. Tales son, en la clase opulenta, la mayoría de los esposos casados por interés.

## 27 EL CORNUDO DESERTOR O DISIDENTE

Es el que, aburrido de los amores del matrimonio, se afana por renunciar a su mujer y dice, cuando ve al amante: Cuando haya gozado tanto de ella como yo, se habrá hartado.

### 28 EL CORNUDO ARRIBISTA O TESTAFERRO

Es un testaferro, él asciende bajo la condición de casarse con la amante de un hombre prominente y adoptar al niño. Semejante cornudo desposa a menudo la vaca y el ternero; sus cuernos le ponen los pies al peldaño, puesto que le valen un empleo, un progreso cualquiera, etc.

### 29 EL CORNUDO MIMADO O COMPENSADO

Es aquel que tiene alguna sospecha, pero que está tan bien acariciado, mimado y acicalado por su mujer, que tanto sus sospechas como sus reproches expiran tan pronto como ella le hace un arrumaco.

### 30 EL CORNUDO HECHIZADO O CON CATARATAS

Es aquel que su mujer sabe fascinar y engrupir al punto de hacerle creer las cosas más absurdas; es el único en ignorar muchas aventuras que son la comidilla de la gente y si viera a la bella en flagrante delito no daría crédito a sus propios ojos. Ella lo persuade que los rumores de sus galanterías son difundidos por cortejantes rechazados. El ríe con su mujer de la presunta desgracia de aquéllos y ella ríe mucho más con sus amantes de la credulidad del pobre tipo

## 31 EL CORNUDO REBUSCADOR O BANAL

Es aquel que viene humildemente a tomar parte en la torta y corteja cálidamente a su querida mitad para obtener de ella lo que otorga a tantos otros, tras los cuales viene modestamente a rebuscar.

## 32 EL CORNUDO BAJO TUTELA

Es aquel cuya mujer lleva los pantalones y que necesita ser apoyado en el mundo por ella; no puede volar con sus propias  alas. Yo escuché a uno decir en una empresa donde se lo engrupía: ¡Ah, si mi mujer estuviera allí, ella sabría responder!

## 33 EL CORNUDO CEREMONIOSO, DE BUENOS MODALES

Es un necio que no se venga sino con buenas razones y sin apartarse de las reglas de buena educación. Uno de ellos, al encontrar a un hombre de calidad acostado con su mujer, le dijo: Esto está muy mal, señor. No habría esperado jamás algo así de un hombre como usted. Sentado en un sillón, expone algunas razones de igual fuerza. El galanteador, aburrido con la perorata, se levanta en camisa y le dice: Señor, perdone si lo molesto, pero usted está sentado sobre mis pantalones. El marido se levanta y muy cortésmente responde: ¡Ah!, señor, no los había visto, tome sus pantalones, etc., y sigue derramando sus sabios sermones.

### 34 EL CORNUDO MÍSTICO O CHUPACIRIOS

Es aquel que para evitar el peligro, rodea a su mujer de curas o santulones, entre los cuales deja deslizar algún hipócrita, algún beato que le adorna la cabeza para mayor gloria de Dios.

### 35 EL CORNUDO ORTODOXO O DE GRACIA

Es el catecúmeno de oficio, aquel que tiene la fe, que cree en los principios y en las buenas costumbres, y piensa con las gentes de bien, que los libertinos dicen más de lo que hacen, que quedan más mujeres honestas de lo que se piensa y que no es preciso creer tan ligeramente en los chismes. Seguramente él ha tenido algunas sospechas, pero habiendo estado bien rodeado, bien catequizado, está resuelto a creer en los verdaderos principios del oficio. Pone toda su esperanza en la bondad natural de su esposa y en la influencia de la moral.

### 36 EL CORNUDO APÓSTATA O TRÁNSFUGA

Es el hombre que luego de haber sido un modelo de razón, luego de haber reconocido y publicado que no hay más que cuernos en el matrimonio, luego de haber prevenido a los demás contra la trampa conyugal, termina por entregar su cabeza y caer en todas las debilidades que señalaba y denunciaba. Este es un Apóstata del buen sentido y un Tránsfuga de locura. Así fue Molière, que después de haber esclarecido y desengañado a la cofradía, terminó por enrolarse muy tontamente y reproducir todos los ridículos que él había representado.

### 37 EL CORNUDO PERPLEJO O DOMADO

Es aquel que se ve reducido a lamentarse en silencio. Conveniencias de familia o de intereses lo obligan a andar derecho con su mujer y con los amigos que conocen su posición embarazosa. Concentra su despecho, callada-mente, haciendo de tripas corazón.

### 38 EL CORNUDO SÓRDIDO

Es un Harpagón que no quiere gastar en vestir a su mujer; obligándola a oír ofertas generosas y sacar además partido del galanteador que mantiene a su mujer y se ilusiona con esta intriga por la doble ventaja que encuentra en ella.

### 39 EL CORNUDO GUARANGO O CRÁPULA

Es un cualquiera contra quien la gente se irrita, que subleva por el contraste entre su conducta ruin y el buen tono de su mujer. Todos sostienen entonces a la dama y dicen: "Seria una verdadera lástima que ella fuera fiel a semejante cerdo".

### 40 EL CORNUDO DESPABILADO, PASMADO

Es quien creyendo a porfía en la virtud de su mujer y figurando desde hace mucho tiempo entre los Hechizados u Ortodoxos, es al fin desengañado por un escándalo o notoria aventura de su cónyuge. Este suceso u otro acontecimiento le hacen abrir los ojos un poco tarde y pasa tristemente a las filas de los Despiertos.

### 41 EL CORNUDO RECALCITRANTE

Es quien no quiere habituarse a ver al amante: hace líos, arma escándalos, entromete en el asunto a los parientes, amigos y vecinos, que lo persuaden que todo esto no tiene importancia y, finalmente, no se llega a establecer más que una tregua, una paz ficticia.

### 42 EL CORNUDO FULMINANTE

Es el que entromete a la autoridad, a la justicia, subleva a la gente y causa un escándalo tremendo, amenaza con recurrir a la violencia, y lo único que logra es exponerse a la burla, que hubiera evitado, de seguir el sabio consejo de Sosias cuando dijo a los amigos de Anfitrión: Sobre tales asuntos, lo más seguro siempre es no decir nada.

### 43 EL CORNUDO TROMPETA

Es quien va, con tono lastimero, a hacer pública su confidencia, diciendo: " Pero, señor, yo los pesqué *in fraganti*. A lo que se le responde que quizá era una broma y que no hay que apresurarse a pensar mal. No por eso deja de desquitarse contando el ultraje a cualquiera. Y voluntariamente se valdría de una trompeta para reunir más gente y sublevarla contra la injusticia de su mujer.

## 44 EL CORNUDO EN DESGRACIA

Es aquel sobre quien la mujer adquirió tal dominio, que ella no quiere ni siquiera admitirlo, no lo recibe en su intimidad sino raramente y evita mostrarse en público con él. Esta era muy a menudo la suerte del plebeyo que desposaba a una damita noble. También se ve a los novatos enviar dinero a una querida, la renta convenida, sin por eso lograr sus favores: éstos figuran entre los que están en desgracia.

## 45 EL CORNUDO POR COMIDA

Es un cornudo de especie subalterna a quien la mujer mantiene y que se presta respetuosamente a todo lo que sea necesario por el bien del intercambio amoroso. Esta especie no es tan rara como se supone.

## 46 EL CORNUDO CORNUDAZO O DESESPERADO

Es el Georges Dandin de Molière, que aguanta todas las tribulaciones imaginables y quien, engañado, arruinado, maltratado, ultrajado por su mujer, encuentra en el matrimonio un medio seguro de ir derecho al cielo pasando su purgatorio en este mundo.

### 47 EL CORNUDO ABANDERADO

Es el esposo que, unido a una linda mujer, provoca por su credulidad, su tontería, su fealdad y su avaricia los asaltos de los galanteadores y hace caer una lluvia de cuernos sobre su cabeza. En cuanto aparece, todo retumba con la palabra cuernos y la gente, designándolo a la cabeza de los cornudos, lo eleva al rango de abanderado.

### 48 EL CORNUDO DOMÉSTICO

Es quien atiende las tareas del hogar mientras la dama se divierte. Se encarga de los trabajos reservados a las mujeres, acoge con cortesía a los caballeros que van en busca de la señora y dispone todo en su ausencia para que le sea más agradable el hogar a su regreso. ¿Está de paseo con la señora? Ella camina adelante con el galán y él la sigue, llevando el ridículo en un brazo y el faldero en el otro, no tan cargado en los brazos como lo está sobre la frente.

### 49 EL CORNUDO PÓSTUMO O DE DOS MUNDOS (*)

Es aquel cuya mujer tiene un niño, diez o doce meses después de su muerte. La ley se los adjudica aunque no haya podido ser el padre y se encuentra así cornudo de dos mundos o cornudo en esta vida y en la otra, ya que después de habérselos puesto en esta vida, se los siguen plan-

(*) Recordar el verso de Regnard en " Le légataire universel": "Aún dos años después yo daba a luz un póstumo".

tando sobre su ataúd. Esta especie es opuesta a la del cornudo en cierne, uno es cornudo antes y el otro después del matrimonio. Son, de pleno derecho, llamados a abrir y cerrar la marcha de la procesión. En esta numeración también están comprendidos aquellos que mueren con un amor violento, solicitando a su viuda guardar el celibato, y un temor a la infidelidad que no espera ni siquiera su muerte para realizarse.

## 50 EL CORNUDO POR VOCACIÓN O POR GRACIA
     O CORNUDO QUIETISTA

Es quien por naturaleza tiene lo que el ortodoxo no posee más que por adquisición; aquel que no ha conocido jamás la sospecha y que, aportando al matrimonio un alma honesta y pura, en una palabra, el estado de gracia, encuentra en la carrera del cornudaje todos los bienes que la famosa Constitución prometía a los franceses: paz, unión, concordia, seguidas por la calma y la tranquilidad. Es la mejor pasta de cornudo que existe en toda la cofradía.

## 51 EL CORNUDO LOBISÓN

Es quien convierte su casa en una ciudadela inexpugnable, monta guardia más severamente que un eunuco negro alrededor de las odaliscas, trata brutalmente no sólo a los galanes, sino, por miedo a equivocarse, también a la gente ajena al debate. Pero ninguna fortaleza es inexpugnable, decía el padre de Alejandro, siempre y cuando un mulo cargado de oro pueda treparla; de la misma manera el galán, provisto de una buena billetera, logra cerrar los ojos a algún centinela y penetrar en la fortaleza del lobisón.

## 52 EL CORNUDO PEDAGOGO O PRECEPTOR

Es aquel que Molière pintó en sus dos piezas La escuela de las mujeres y La escuela de los maridos. Es el novato que adiestra a una joven gacela, una Agnès destinada a compartir el lecho. Después otro viene a darle lecciones que serán mejor escuchadas. En esta clase se ven muchos filósofos que tienen la costumbre de cortejar a la madre para desposar a la hija, que ellos creen incorruptible, y la van formando según el método de percepción, de intuición y de sensación. Pero viene otro a ocuparlas con sensaciones no tan sabiamente analizadas pero sin embargo más inteligibles para el bello sexo.

## 53 EL CORNUDO MINUCIOSO

Es quien a raíz de algunas sospechas, advierte un acontecimiento que ya no está por venir : el acontecimiento de los cuernos. Arguye con su mujer sobre ciertas apariencias que la gente podría comentar. Ella le da las respuestas tranquilizantes, pero él persiste y le hace notar el peligro del escándalo y las murmuraciones. Argumenta para colocar en todo momento sus buenos consejos, que la dama no deja nunca de escuchar, y tiene el espíritu en calma pero la frente bien adornada.

## 54 EL CORNUDO FILÁNTROPO O FRATERNAL

Es aquel que considera a los hombres como una familia de hermanos entre quienes todos los bienes deben ser comunes. Alimenta generosamente una tanda de niños que, bajo su nombre, son de sus vecinos y conciudadanos, niños cuyos diferentes padres la gente nombra; sus nombres están, por otra parte, escritos en el rostro de los niños. Esto no impide que sienta por todos un mismo amor, verdadero modelo de filantropía, de fraternidad, de igualdad y de virtudes republicanas.

## 55 EL CORNUDO PRETENCIOSO, PRESUMIDO
   O SUFICIENTE

Es el que cree que su mujer se siente tan honrada de tenerlo por marido, que no podría siquiera pensar en atender a galanes en los que no ve sino víctimas indignas de atención. Esto facilita el camino de aquéllos; la seguridad en la que vive lo hace un marido cómodo y negligente en cuanto a la vigilancia, y favorece totalmente el intercambio secreto de matrimonio.

## 56 EL CORNUDO PREDICANTE O COMPASIVO

Es un hombre naturalmente bueno que trae a su mujer la ayuda de la amistad, la consuela de las penurias del mundo y de las injusticias e indiscreciones de los galanes, le expone humildemente la ventaja de un retorno a la moral y alberga la esperanza de verla regresar al sendero de la virtud, cuyos dulces encantos le pinta. Obtiene de ella, en palabras y promesas, tanto como los galanes obtienen de sus favores, y termina por triunfar, pues la dama acepta sus lecciones en cuanto la edad aleja de ella a todos sus amantes.

## 57 EL CORNUDO COSMOPOLITA U HOSPITALARIO

Es aquel cuya casa se asemeja a un hotel, por la cantidad de galanes de todos los países que su mujer reúne. Tiene copartícipes y amigos de todas las naciones, que encuentran en su casa buena comida y buena acogida; se salva por la cantidad, ya que son tan numerosos que sus sospechas no pueden detenerse sobre ninguno.

## 58 EL CORNUDO MISÁNTROPO

Es aquel que, al descubrir el asunto, siente aversión por el mundo, pretende que el siglo está gangrenado y que las costumbres están aniquiladas. Tal es el Meinau de Kotzebue. Es un semiloco que da lástima con sus lamentaciones morales y que no habría debido casarse, si tanta aprensión tenía en compartir la suerte de muchas gentes honestas que valen tanto o más que él.

## 59 EL CORNUDO RABIOSO, POSEIDO O MALDITO

Es un enfermo que acumula la desgracia física y moral y a quien los achaques, como la gota o la parálisis, impiden satisfacer y vigilar a una joven mujer, cuyo comportamiento lo desespera. Al sufrir continuamente del espíritu y del cuerpo, e importunando por este doble mal, sin lugar a dudas forma parte del número de poseídos o gentes que tienen el diablo en el cuerpo. Pues nada peor puede hacer el diablo en un cuerpo humano que alojar la gota y a la vez los celos.

## 60 EL CORNUDO VIRTUOSO

Es aquel que se apasiona por las ciencias o las artes y se encariña con los maestros del arte. Si es melómano, basta hacerle escuchar una melodía de gaita para convertirse en uno de sus favoritos y aproximarse a su mujer, a quien recomienda cálidamente a los aficionados relacionados al arte, mientras ella los acoge con ideas un tanto diferentes.

## 61 EL CORNUDO ABANDONADO

Es un hombre desagradable, que hizo un matrimonio inarmónico y que, luego de haber hostigado a su linda mujer, encuentra una buena mañana que la jaula está vacía, el pájaro cazado y con la imposición de divorcio. Se convierte en juguete de la gente que ríe del hecho esperado por todos, excepto por el villano que lo provocó por sus torpezas.

## 62 EL CORNUDO EN SU SALSA

Es el que acumula en masa todas las dignidades de la orden. Comenzó por ser cornudo en cierne; después figuró necesariamente entre los simpáticos, los ortodoxos, los hechizados y las otras especies risibles por el engaño, conservando siempre una serenidad inalterable a través de todas las vicisitudes. Y para completar la obra encontrará, si muere a tiempo, una Corte de Justicia que le adjudicará un póstumo un año después de su muerte, a fin de que no le falte el último grado de la orden, que es el de cornudo de los dos mundos.

## 63 EL CORNUDO DE EMERGENCIA O DE SALVAGUARDIA

Es el que obligado por malos negocios o un peligro muy grave, cierra los ojos sobre ciertas relaciones por medio de las cuales su mujer conjura el peligro más urgente, al hacer invertir fondos en un comercio declinante, liberar inmuebles amenazados de expropiación y rendir muchos otros servicios de importancia como para que el tierno esposo se consideré feliz al proteger la conducta de su querida mitad. Se vieron en los tiempos de terror muchos cornudos de esa especie que dejaban en paz maniobrar a su mujer y se consideraban muy dichosos de salvar la cabeza a expensas de su frente; pues vale más, dice el proverbio, sacrificar una ventana que perder toda la casa.

## 64 EL CORNUDO ESCAMOTEADO

Es aquel cuya mujer, al quedar embarazada durante su ausencia, tiene un niño furtivamente durante un viaje y con la ayuda de un médico honesto que fabrica oportunamente las enfermedades convenientes para diferir su retorno. Tal cornudo no admite ni conoce al niño. Si lo admitiera formaría parte de los filántropos. Pero escapa al peligro principal: evita al niño y no guarda más que los cuernos, menos costosos de mantener. Se sustrae, pues, al peligro principal y se transforma en cornudo escamoteado.

## 65 EL CORNUDO HIPÓCRITA O CAMALEÓN

Es el que se indigna contra el panorama, y dirá: ofendo las costumbres; un Tartufo inflado de fórmulas y sentencias, repleto de anécdotas insignificantes, negando con estrépito las galanterías conocidas y machacando sin cesar sobre los principios, fingiendo creer en ellos para acreditarlos ante su mujer y sus merodeadores. En sus conversaciones estudiadas encara a la sociedad como si ésta creyera en las morisquetas morales que se alardean y de las que él mismo se burla como los demás. Se persuade y quiere persuadir que el mundo va a cambiar su tren de vida para servir sus celos. Tal cornudo es la caricatura de los regeneradores. Estos, al menos, van a la meta con franqueza, mientras que el cornudo cobardón es un hipócrita que, en sus filípicas sobre el olvido de los principios, no cree en sí mismo más de lo que los demás creen en él, andando derecho ante quien le pone los cuernos. Bien merece lo que le crece en la frente. Comúnmente, semejante cornudo es un sucio que con su fárrago moralista no deja nunca de cortejar a sus sirvientas y cometer incongruencias que asquearían a los libertinos declarados.

## 66 EL CORNUDO SENSATO
### O GARANTIDO, PROTOCORNUDO

Es la flor y nata de los cornudos. Es el hombre que desposa una mujer rica para compensar las liberalidades. Ella se casa para imponer silencio a las murmuraciones, legitimar sus fantasías, vagar en libertad en el mundo galante y tener un estandarte que cubra la mercadería. El desposa una mujer para gozar de la libertad civil ligada a la fortuna, sin la cual uno no es sino un esclavo siempre, a menos de vivir como un ermitaño. Tanto uno como otro conocen las respectivas ventajas del convenio a que se atuvieron y que llenan honorablemente todas las condiciones, a saber: libertad, consideración, protección y amistad reciprocas. Es la especie de cornudaje a la cual yo aspiraría si me casara. Toda mujer que me introdujera en esta dignidad en la cofradía haría excelente negocio; tanto ella como yo.

66 bis. Reemplazante de
EL CORNUDO PARA REPOSO O QUIETISTA

Es quien tiene una mujer tan fea que ni él ni los demás pueden pensar que haya quien se la lleve. De ahí que ella goce apaciblemente del galán que encontrara, sea por sus liberalidades, sea por el capricho de algunos hombres apasionados por las feas.

67 EL CORNUDO TRAMPEADO
   O CORNUDO POR FINANZAS

Es el que pensó recibir una buena dote o probabilidades de fortuna. Por lo general, tal marido está compensado por las amabilidades de la pobre mujer que, avergonzada por la trampa de sus parientes, trata de repararla con su buen proceder, pero a menudo el marido se pica, la abandona y la obliga, por así decir, a contar sus penas a un amante discreto.

68 EL CORNUDO EMPARCHADO

Es quien, después de la boda descubre algún achaque oculto del que ni se había hablado. Se siente defraudado y echa de casa a su nueva mitad. Profiere quejas amargas; se le responde que está bien indemnizado con respecto al buen carácter de la alianza. Se satisfaga o no con esta razón, no por eso olvida a su mujer que, desdeñada por él, encuentra un galanteador, pues todo pájaro encuentra algún nido.

### 69 EL CORNUDO DE CRÓNICAS Y DE CHISMES

Es aquel que por exceso de enceguecimiento, por sus ilusiones y sus engaños, proporciona regularmente al público una sarta de bufonadas, pan cotidiano para los comentarios. Es el eje de la crónica escandalosa y se toma aun por el más afortunado de los amantes, y es tan verdad que hay una gracia tanto para los cornudos como para los ebrios.

### 70 EL CORNUDO POR MILAGRO

Es aquel cuya mujer, después de una larga esterilidad, halla a alguien más diestro que su marido y se encuentra embarazada con gran asombro de todo el mundo. Ella lo atribuye a alguna novena o promesa a la Virgen, o bien a algún viaje a las aguas termales donde habría encontrado medios prolíficos de diversas especies. Entre tanto todos vienen a felicitar al marido, sin decirle todo lo que se piensa. El, por su parte, vacila como San José y no sabe muy bien si debe regocijarse o enojarse: mi preocupación no puede disiparse. El es cornudo de milagro y su retoño niño bendito.

### 71 EL CORNUDO POR LEY

Es aquel cuya mujer tiene un niño de contrabando, evidente como un mulato, cuarterón u octavón. El engaño es incontestable, pero las formas han sido observadas y la ley adjudica este niño al marido, algo heterogéneo sea por el color, sea por una fisonomía que difiere bruscamente con la de los otros hijos y pinta rasgo por rasgo algún amigo conocido de la señora. El niño no por eso deja de ser del marido, según el bello principio: *is pater est quem*, etc . . . principio que es la garantía del cornudaje.

## 72 EL CORNUDO AFERRADO INCANSABLE

Es quien ninguna afrenta, ningún ultraje desanima. Cualquiera sea el escándalo que haya cometido su mujer, vuelve humildemente a solicitarla. Se ha visto a quien, encontrándose con su mujer raptada, concurre al cuartel a reclamarla, con tono lastimero, a un militar que él suponía el raptor. Se equivocaba: el militar no era más que uno de los galanes y no había cargado con la mujer raptada. Semejante mujer abandonaría su hogar veinte veces y veinte veces el cornudo la volvería a tomar llorando de alegría.

## 73 EL CORNUDO MULO

Es aquel que la mujer maneja por el terror, pues se equivoca en todo lo que hace y en todo lo que hará. Tiembla ante su mitad que lo amonesta, toma a Dios y a los hombres como testigos de su inocencia y no logra obtener un instante de paz con su fierecilla. Este cornudo está pintado en cierta canción canallesca sobre incidentes del barrio:

*Couplet*

*Bien sabe usted que Madame Thomassin, cuando está en sus cabales, pega a su pobre hombre,* etcétera.

Entre las marquesas se encuentran furias como la guaranga Thomassin, que hacen sufrir muerte y pasión al pobre cornudo.

### 74 EL CORNUDO PREFECHADO O PRECEDIDO

Es aquel cuya mujer, al haber tenido relaciones antes del matrimonio y queriendo llevar una conducta regular, se limita a ver después de su enlace a aquellos que favoreció antes, sin agregar ningún nuevo amante. Ella no cree faltar a la palabra dada, puesto que se trata de la continuación de una intimidad y no de una innovación. Por otra parte, esos amantes de antes se hacen útiles al matrimonio, y la mujer, al conservarlos, cree servir eficazmente al marido. Es entre las mujeres del pueblo que se encuentra una conciencia fuertemente cómoda para este género de cornudaje.

### 75 EL CORNUDO PREFERIDO

Es el marido complaciente y amable que su mujer prefiere, engolosinándose con aventuras de paso. Ella encuentra en él gentileza y protección contra los vivos y la fortuna para procurar su bienestar. Ella vuelve siempre a él, como se ve a ciertos hombres regresar a su mujer cuando ella lo merece y decir al salir de casa de su amante: No hay aún nada más bello que mi mujer. Así dicen también ciertas mujeres, que retornan a menudo al marido y lo cuidan, después de compararlo con los amantes que no valen tanto y no tienen otro mérito que el de la variedad. Una pareja no es nunca más feliz que cuando el hombre y la mujer llevan este tipo de vida.

76 CORNUDO, ENGENDRO Y NIMIO

77 CORNUDO *QUID PRO QUO*

78 CORNUDO IMPLACABLE

79 CORNUDO INDIVISO

80 CORNUDO SEDICIOSO

www.sequitur.es